Aktives Zuhören

Verbale Signale für aktives Zuhören:

- Nachfragen: „Was haben Sie dann gemacht?"
- Weiterführen: „Wie haben Sie das Problem schließlich gelöst?"
- Verständnisfragen: „Und wer hat dann angerufen?"
- Zusammenfassen: Mit eigenen Worten das Gesagte wiederholen.
- Gefühlsregungen hervorrufen: „Das hat Sie aber sicherlich gefreut!"

Nonverbale Signale für aktives Zuhören:

- Augenkontakt
- Nicken
- Sich nach vorne neigen
- Zustimmende Mimik

Aktives Zuhören

Durch aktives Zuhören zeigen Sie Ihr Interesse, Ihre Aufmerksamkeit. Aktiv zuhören heißt: Keine Bewertungen, keine Lösungsvorschläge, keine Unterbrechungen. Signalisieren Sie sowohl verbal als auch nonverbal, dass die Worte des anderen bei Ihnen auf fruchtbaren Boden fallen.

Begeisterung

Überlegen Sie, wofür Sie sich begeistern können und wie Sie diese Begeisterung in eine bildhafte Sprache fassen können. Wenn Sie von einer Sache richtig fasziniert sind, dann lässt sich das kaum verbergen: Strahlende Mimik, überschwengliche Gestik. Die Körpersprache ist meist eindeutig und Ihre Aussagen werden unterstrichen. Oft springt dann der Funke auch auf Ihre Gesprächspartner über.

Stehen Sie zu sich und zeigen Sie (angemessenen!) Enthusiasmus für Ihren Job, Ihre Hobbys und Ihre Interessen. Das ermuntert auch andere, begeistert über sich selbst zu reden.

Begeisterung

Eigenlob stinkt. Allerdings nur dann, wenn Sie übertreiben. Ansonsten ist es nützlich, beim Small-Talk eine angemessene Begeisterung für das selbst Erlebte oder das Erreichte an den Tag zu legen. Denn: Begeisterung steckt an!

Gespräche in Gang halten

Ein Small-Talk entwickelt sich am besten durch folgende gute Mischung: Fragen stellen und „Info-Häppchen" geben.

Beispiel:
„Ja, den Herrn Frotto kenne ich noch von der Schule." (Info-Häppchen)
„Wo haben Sie beide sich denn kennengelernt?" (Frage)

Die Sprechanteile sollten sich die Waage halten, das heißt: Jeder kommt abwechselnd zum Zuge. So können Sie sich gegenseitig die Bälle zuspielen. Wenn Sie von einem Erlebnis berichten, dann sollten Sie danach Ihr Gegenüber zum Zug kommen lassen und nicht gleich die nächste Geschichte anhängen.

Regel: Gespräche halten Sie in Gang, indem Sie nach Aussagen einfach eine Frage anhängen.

Gespräche in Gang halten

Der erfolgreiche Einstieg in ein Gespräch ist nur die erste Etappe des Small-Talks. Auf der nächsten heißt es, ein Gespräch elegant weiterzuführen, ohne dass der Gesprächsfluss versiegt.

Wie können Sie den Gesprächsfluss am Laufen halten?

Stellen Sie Fragen und hören Sie aktiv zu. Bringen Sie aber auch eigene Informationen mit ein, die helfen, das Gespräch weiterzuführen.

Positiv sprechen

Seien Sie aufmerksam: Wenn Ihr Gesprächspartner ein Gespräch in eine negative Richtung lenkt, dann sollten Sie nicht darauf einsteigen, sondern positive Aspekte des Themas herausstellen.

Beispiel:

„Das ist ja eine schlechte Luft hier."

- Negativ: „Ja, unglaublich. Und die Inhalte des Vortrags waren ja auch dürftig. Mich wundert..."
- Positiv: „Ja, die Luft könnte besser sein. Das Buffet entschädigt aber dafür. Wie ich sehe, schmeckt es Ihnen – oder?"

Positiv sprechen

Beim Small-Talk sind Pessimisten nicht gern gesehen. Achten Sie darauf, dass Sie die Unterhaltung nicht in eine negative Richtung lenken. Es geht nicht darum, alles schönzureden, aber machen Sie sich bewusst, dass eine negative Einstellung destruktiv wirkt.

Lösen Sie sich von einer negativen, pessimistischen Ausdrucksweise und denken Sie nicht nur in Problemen, sondern in Lösungen. Indem Sie positive Dinge ansprechen, wecken Sie auch bei Ihren Gesprächspartnern positive Assoziationen.

Namen merken

Einen Namen können Sie gut behalten, wenn Sie während der Unterhaltung den Namen Ihres Gegenübers des Öfteren einfließen lassen: „Aber sagen Sie mal, Herr Schries, wie ...?". Zudem bringen Sie so ein persönliches Element in das Gespräch ein.

Übrigens: Vielleicht ergibt sich aus der Beobachtung Ihres Gesprächspartners auch ein Merkmal, das Ihnen hilft, sich den Namen besser zu merken. Die kräftige Figur von Frau Aris legt ein Bild nahe, wie sie Arien singt. Die entspannte Miene von Herrn Frotto legt nahe, dass er gerne in die Sauna mit einem Frotteehandtuch geht. Je unsinniger die Visualisierung, desto einfacher können Sie sich den Namen merken. Probieren Sie es aus!

Namen merken

Welche Tipps erleichtern es Ihnen, den Namen Ihres Gesprächspartners zu behalten?

Zunächst gilt: Wenn Sie den Namen Ihres Gesprächspartners nicht gleich verstanden haben, dann sollten Sie sofort nachfragen. Mit Sicherheit werden Sie auf Verständnis stoßen, denn Ihr Gesprächspartner weiß sicherlich aus eigener Erfahrung, wie schwer es ist, neue Namen mitzubekommen und zu behalten. Wiederholen Sie dann am besten gleich den Namen, um sicherzugehen, dass Sie ihn auch richtig verstanden oder ausgesprochen haben.

Die Rettungskarte

Welche Begebenheit haben Sie kürzlich erlebt?

Notieren Sie drei Ihrer Stärken!

- Visitenkarten mitnehmen!
- Gemeinsamkeiten hervorheben!
- Fragen stellen!

Die Rettungskarte

Mögliche Aufhänger:

1. Aktuelle Situation (Wir)
2. Die andere Person (Du/Sie)
3. Dritte Personen (Er/Sie)
4. Gegenstände (Es)
5. Eigensituation (Ich)

Nehmen Sie diese Karte mit. Sie gibt Ihnen Sicherheit.

Die vier Schritte der Begrüßung:

1. Begrüßung
2. Aufmerksamkeitssignal
3. Namen und evtl. Informationen zu sich nennen
4. Gesprächsimpuls, Brückenschlag zum Small-Talk

Gespräche beenden

Bewährt hat sich eine Verabschiedung in den drei Zeitstufen:

1. Vergangenheit
2. Gegenwart
3. Zukunft

Beispiele:

1. „Es war schön, Sie getroffen zu haben."
2. „Ich werde jetzt noch zu den Kollegen rüber gehen."
3. „Ihnen noch einen schönen Abend."

1. „War schön, miteinander geplaudert zu haben."
2. „Vielen Dank für das Gespräch. Ich mache jetzt mal weiter die Runde."
3. „Wir sehen uns sicher später noch."

Gespräche beenden

Ein guter Small-Talk hat einen guten Einstieg und ein gutes Ende. Die Frage ist bloß: Wie können Sie elegant ein Gespräch beenden, ohne den anderen zu verprellen?

Was Sie auf jeden Fall vermeiden sollten: Weggehen, ohne dass Ihren Gesprächspartnern bewusst ist, dass Sie wegbleiben. Achten Sie darauf, klar und offen zu sagen, was Sie tun werden. Und: Verabschieden Sie sich höflich!

VIPs

Folgende Fragen können helfen:

- Was hat dieser Mensch in der letzten Zeit getan?
- In welchem Projekt hat er sich engagiert?
- Finde ich Informationen in den Printmedien?
- Was erfahre ich im Internet über diese Person?
- Was interessiert diese Person?
- Was könnte diese Person an mir interessieren?
- Was für einen Gesprächsaufhänger könnte ich nehmen?
- Was ist der Anlass für unser Aufeinandertreffen?

VIPs

Es gibt „normale" Gesprächspartner und es gibt „wichtige" Gesprächspartner. Und schließlich gibt es noch die „sehr wichtigen" Gesprächspartner, die VIPs. Letztere sind heiß begehrt für einen kurzen Plausch. Egal ob Konzernlenker, Politiker oder Fernsehstar.

Wenn Sie wissen, dass Sie bald mit wichtigen – oder auch vermeintlich wichtigen – Menschen in Kontakt kommen werden, sollten Sie vorher ausreichend Informationen über diese sammeln.

Toleranz

Wir alle haben Vorurteile, also eine Vermutung über unseren Gesprächspartner. Lassen Sie sich nicht von Ihren Vorurteilen leiten, sondern akzeptieren Sie den Gesprächspartner voll und ganz. Seien Sie tolerant für andere Meinungen und offen für andere Menschen.

Die „falsche" Kleidung, ein „komisches" Hobby, ein „seltsames" Auftreten – ist das so schlimm? Nein! Und: Es kann sein, dass sich dieser Mensch in kürzester Zeit als sehr interessant und sympathisch entpuppt. Urteilen Sie also nicht zu schnell über andere Menschen, nur weil diese auf den ersten Blick ganz anders sind als Sie!

Tipp: Geben Sie Menschen etwas Zeit. Bei vielen werden Sie positive Erfahrungen machen.

Toleranz

Unterschiedliche Lebensstile, unterschiedliche Werte, unterschiedliche Interessen: Beim Small-Talk kommen Sie mit Menschen ins Gespräch, mit denen Sie nur wenige Berührungspunkte haben. Seien Sie tolerant gegenüber anderen Meinungen und offen für andere Menschen. Die Gefahr: Vorurteile, die es erschweren, mit dem Gegenüber ins Gespräch zu kommen.

Wie können Sie dieser Gefahr begegnen?

Vielredner

Menschen, die ohne Punkt und Komma reden, ist nur schwer Einhalt zu gebieten. Da Vielredner sich selbst am liebsten hören, sollten Sie sich aktiv ins Gespräch einschalten. Ein Tipp: Wenn Sie den Namen des Vielredners nennen, besteht die Chance, dass er kurz innehält. Greifen Sie dann einen konkreten Punkt auf und starten Sie einen eigenen Redebeitrag. Unter Umständen müssen Sie etwas lauter sprechen, um sich Gehör zu verschaffen – hier lohnt es sich, hartnäckig zu bleiben. Stellen Sie möglichst geschlossene Fragen, sodass Ihr Gegenüber sich kurz fassen muss. Verzichten Sie auf aktives Zuhören, das bestätigt den Vielredner in seinem Handeln. Und wenn es Ihnen zu bunt wird, können Sie sich auch einfach verabschieden.

Achtung: Bleiben Sie stets höflich, auch wenn Sie genervt sind!

Vielredner

Die einen schweigen fast nur, die anderen hören gar nicht mehr auf zu reden, wenn sie einmal in Fahrt gekommen sind. Aus „Small-Talk" wird dann „Big-Talk".

Wie kommen Sie zu Wort, wenn Sie solche Gesprächspartner haben?

Gute Umgangsformen

Dieses Verhalten sollten Sie auf jeden Fall beim Small-Talk vermeiden:

- Ständig nur von sich selbst zu erzählen: mein Job, mein Haus, mein Garten, meine Erfolge, mein Urlaub, mein Auto, usw.
- Ein „Seelenstriptease" vor versammelter Mannschaft machen oder auch über den eigenen Partner herziehen.
- Ein lautes, lärmendes, halbstarkes und rechthaberisches Auftreten zeigen, nach dem Motto: „Hört Ihr alle, dass ich da bin?!".
- Ständiges Kritisieren und Jammern, auch wenn andere die Veranstaltung schön finden.
- Über die Gastgeber oder Veranstalter herziehen, über den „schlechten Wein" oder über die „öde Musik".

Gute Umgangsformen

Achten Sie auf gute Umgangsformen. Was sollten Sie in jedem Fall vermeiden?

Selbstdarstellung

Achten Sie auf folgende Punkte:

- Rücken Sie Ihre Eigenschaften ins rechte Licht. Dies gilt nicht nur im Gespräch mit Menschen, sondern auch für Ihr Selbstbild. Oft sind es die zwei Seiten einer Medaille. Wählen Sie die positive Seite: Dynamisch statt hektisch, sachlich statt trocken, ruhig statt schüchtern.
- Rühren Sie die Werbetrommel für sich: Stellen Sie Ihre Erfolge und Fähigkeiten positiv dar.
- Machen Sie deutlich, in welchen Bereichen Sie über Spezialwissen verfügen. Worin sind Sie Experte?

Tipp: Fragen Sie Ihre Freunde nach Ihren Stärken und positiven Eigenschaften!

Selbstdarstellung

Es hängt von Ihnen ab, welchen Eindruck Sie bei Ihren Gesprächspartnern hinterlassen. Beim Small-Talk geht es nicht nur darum, sympathisch zu erscheinen, sondern auch darum, Kompetenz und Selbstbewusstsein auszustrahlen. Kurz: sich selbst gut darzustellen.

Wer sich selbst gut darstellen möchte, sollte vor allem über seine Stärken Bescheid wissen. Überlegen Sie selbst: Was sind Ihre Stärken? Was können Sie besonders gut? Je genauer Sie über Ihre Stärken Bescheid wissen, desto besser können Sie sich darstellen.

Vom Small-Talk profitieren

Vorteile, wenn Sie Small-Talk beherrschen:

- Sie können Ihre Karriere fördern. Denn: Je höher die Position, desto wichtiger wird Small-Talk.
- Sie haben die Gelegenheit, neue Geschäftskontakte zu knüpfen. Nutzen Sie Small-Talk, um Ihr persönliches Netzwerk zu erweitern.
- Sie können einfach und unkompliziert mit fremden Menschen in Kontakt kommen. Im Beruflichen wie im Privaten.
- Sie können durch Small-Talk einfach und schnell angenehme Gesprächs- und Verkaufssituationen schaffen.

Vom Small-Talk profitieren

Auch wenn es für manche eine Überwindung darstellt: Begeben Sie sich in Situationen, in denen Small-Talk gefordert ist. Motivieren Sie sich, indem Sie sich die Vorteile vor Augen führen, die Sie haben, wenn Sie Small-Talk pflegen.

Zu zweit auftauchen

Eine zweite Person dabei zu haben, ist für viele ein beruhigendes Gefühl. Klären Sie ab, ob Sie mit Freunden oder Kollegen gemeinsam die Veranstaltung besuchen können.

Die Vorteile:
Sie können Ihren Gesprächspartner einem Bekannten vorstellen, den er noch nicht kennt, und umgekehrt. Sie haben die Gewissheit, zumindest einen Gesprächspartner dabeizuhaben.

Achtung: Klammern Sie sich nicht nur an Ihre Begleitung, sondern suchen Sie den Kontakt zu anderen.

Zu zweit auftauchen

Wenn Sie sich unwohl fühlen, beim Gedanken, einen Raum voller fremder Menschen zu betreten, dann können Sie sich oft Unterstützung holen. Sorgen Sie dafür, dass Sie nicht allein ankommen.

Was sollten Sie beachten?

Mentalitätsunterschiede

Wenn Sie an Sprache, Namen oder Aussehen die Herkunft Ihrer Gesprächspartner erkennen können, müssen Sie auch Ihren Small-Talk diesen neuen Gegebenheiten anpassen. Lassen Sie Vorurteile und Witze in der Schublade.

Auch Ihre Themenauswahl verändert sich je nach Gesprächspartner. Gerade im internationalen Umfeld rücken kulturelle Unterschiede eher in den Fokus. Da ist Fingerspitzengefühl gefragt.

Sind Sie im Ausland zu Besuch, halten Sie sich im Small-Talk erst einmal mehr zurück, bis Sie die dortigen Gepflogenheiten und den Humor kennengelernt haben.

Tipp: Informieren Sie sich vor internationalen Veranstaltungen über die eingeladenen Nationen!

Mentalitätsunterschiede

Haben Sie schon mal versucht, einem Briten einen deutschen Witz auf Englisch zu erzählen? Dann werden Sie sicherlich festgestellt haben, dass es gar nicht so einfach ist, deutschen Humor international zu machen. Selbst regional gibt es deutliche Unterschiede. Und der Humor ist nur ein Bereich, mit dem Sie sich in interkultureller Umgebung in die Nesseln setzen können.

Worauf müssen Sie achten?

Schüchternheit und Angst

Folgende zwei Überlegungen können helfen.

1. Akzeptieren Sie Ihre Ängste:
Beobachten Sie sich und Ihre Körperreaktionen und werden Sie Stück für Stück vertrauter damit. Sehen Sie die Aufregung, das Lampenfieber als unangenehm, aber normal an!

2. Steigern Sie den Schwierigkeitsgrad:
Setzen Sie sich selbst Ziele für die nächste Situation und steigern Sie die Schwierigkeit von Mal zu Mal. Zwei Beispiele: „Ich werde beim Buffet mindestens zweimal mit jemandem ein paar Worte wechseln." oder „Ich werde bei der Schulung mit dem Sitznachbarn ein Gespräch beginnen und mich für seine Anreise interessieren."

Schüchternheit und Angst

Wenn Sie Hemmungen haben, in einer unbekannten größeren Runde auf andere Menschen zuzugehen, dann sind Sie nicht allein. Vielen geht es ähnlich: Schüchternheit, Lampenfieber oder gar Angst sind weit verbreitet. Beim einen mehr, beim anderen weniger.

Wenn Sie ein eher schüchterner Mensch sind, dann gehen Sie nicht zu hart mit sich und Ihren Defiziten um. Denken Sie daran, dass Schüchternheit auch ihre positiven Seiten hat und viele Gesprächspartner lieber mit zurückhaltenden und ruhigen Menschen ein Gespräch führen, als mit eitlen und lauten Selbstdarstellern.

Peinlichkeiten vermeiden

So vermeiden Sie Peinlichkeiten beim Small-Talk:

- Stellen Sie keine Vermutungen über die Beziehungs- und Familienverhältnisse Ihrer Gesprächspartner an.
- Vermeiden Sie bloße Annahmen („Ah, Sie sind schwanger...").
- Täuschen Sie kein Wissen vor, denn Sie könnten recht schnell als Hochstapler enttarnt werden.
- Sprechen Sie möglichst wenig über Dritte. Wenn doch, dann auf jeden Fall so, wie Sie es auch im Beisein dieser Person sagen würden.

Peinlichkeiten vermeiden

Auch beim besten Small-Talk kann es passieren: Patzer, Ausrutscher, Peinlichkeiten. Jedes Thema kann ins Auge gehen. Grundsätzlich gilt: Seien Sie fehlertolerant, denn: „Nobody is perfect". Dennoch können Sie mit etwas Vorbereitung den einen oder anderen Fauxpas vermeiden.

Abstand

Achten Sie darauf: Wenn Ihr Gesprächspartner einen halben Schritt zurückweicht, dann sind Sie ihm womöglich zu Nahe gekommen. Setzen Sie dann bitte nicht nach, sondern korrigieren Sie, indem Sie Ihrerseits etwas zurückgehen.

Grundsätzlich gilt: Im Zweifel halten Sie lieber einen etwas größeren Abstand ein, den Ihr Gesprächspartner dann von sich aus verringern kann.

Doch was ist, wenn der Gesprächspartner immer näher rückt? Ideal sind Stehtische. Diese helfen, den nötigen Abstand zu wahren. Und zudem bieten sie die Möglichkeit, ein Getränk abzustellen.

Abstand

Die Distanz, die zu anderen Menschen gewahrt wird, ist unterschiedlich und hängt von der Person und vom Kulturkreis ab. Zu viel Nähe wird als Grenzverletzung empfunden. Seien Sie daher sensibel dafür, jemandem beim Small-Talk nicht zu nahe zu kommen!

In Bildern plaudern

Metaphern oder Vergleiche können einem Small-Talk die „richtige Würze" geben. Überlegen Sie, wie Sie eine Situation, ein Erlebnis oder auch Fakten veranschaulichen können. Je besser Ihnen das gelingt, desto einfacher können sich Ihre Gesprächspartner in Ihre Situation versetzen und Vergleiche zu sich selbst herstellen.

Beispiele:

- Die Achterbahn, der ein Projekt manchmal gleicht.
- Das Orchester, das dirigiert wird.

In Bildern plaudern

Beim Small-Talk können Sie Ihre Gesprächspartner auf eine gedankliche Reise mitnehmen. Verwenden Sie Bilder und Metaphern, so schaffen Sie ein „Kopfkino" beim Gesprächspartner.

Grundregeln Small-Talk

1. Den anderen in den Mittelpunkt stellen:
Bringen Sie zum Ausdruck, was Ihnen am Gegenüber imponiert oder gefällt.

2. Aufmerksam sein:
Finden Sie heraus, welche Bedürfnisse Ihr Gesprächspartner hat.

3. Gefühle zeigen:
Sprechen Sie Gefühle an, werden Sie persönlich, aber in Maßen.

4. Anteil nehmen:
Zeigen Sie, dass Sie sich in die Bedürfnisse anderer einfühlen können, auch nonverbal.

5. Unterhaltsam sein:
Bringen Sie keine trockenen Fakten, sondern unterhaltsame Informations-Häppchen, die Ihr Gesprächspartner aufgreifen kann!

Grundregeln Small-Talk

Es gibt viele Möglichkeiten, professionell Small-Talk zu betreiben. Doch fünf Grundregeln sollten Sie beachten – egal über was Sie sich unterhalten.

Mimik und Blickkontakt

Der erste Eindruck ist entscheidend. Daher kommen der Mimik und dem Blickkontakt eine besondere Bedeutung zu. Setzen Sie ein offenes und herzliches Mienenspiel ein. Lächeln bedeutet gute Laune und die steckt bekanntlich an.

Nehmen Sie intensiven Blickkontakt zu Ihren Gesprächspartnern auf! Damit zeigen Sie, dass Ihnen die anderen wirklich wichtig sind und dass Sie sich voll auf die Unterhaltung konzentrieren. Darüber hinaus ist der intensive Blickkontakt ein Zeichen von Selbstbewusstsein und Selbstsicherheit. Sie wirken also gleichzeitig glaubwürdiger in dem, was Sie sagen!

Mimik und Blickkontakt

Small-Talk bedeutet nicht nur verbal einen Kontakt herzustellen. Noch wichtiger als die passenden Worte ist es, auch nonverbal für den Kontakt zu sorgen.

Was sollten Sie beachten?

Accessoires und Kleidung

Hier einige Accessoires: Aktenkoffer, Uhr, Krawatte, Abzeichen oder Anstecker. Überlegen Sie: Was fällt Ihnen auf, was gefällt Ihnen, wozu haben Sie einen Bezug? Vermeiden Sie es jedoch, jemanden zu intensiv zu mustern, um etwas Derartiges zu entdecken.

Beispiele:

- „Ich bewundere schon die ganze Zeit Ihre Mappe."
- „Na, mit Ihrem Sakko stechen Sie ja aus der grauen Masse heraus."
- „Oh, Sie haben ja schöne Schuhe an."

Übrigens: Ein mitgeführter Hund ist zwar nicht direkt ein Accessoire, doch haben Sie damit ebenfalls eine gute Chance in Kontakt zu kommen.

Accessoires und Kleidung

Wer auffällige Accessoires trägt, wird öfter angesprochen. Warum? Weil er einen Gesprächsaufhänger geradezu vorgibt. Nutzen Sie diesen Aufhänger. Und beziehen Sie sich auf auffällige und weniger auffällige Accessoires oder die Kleidung. Vorsicht: Reagieren Sie stets angemessen auf Äußerlichkeiten anderer.

Einzelkämpfer

Ganz im Gegenteil: Bei abseits stehenden Personen haben Sie es oft viel einfacher, einen ersten Kontakt zu knüpfen. Oft sind diese Menschen eher schüchtern. Machen Sie den ersten Schritt, gehen Sie auf sie zu und starten Sie ein Gespräch mit ihnen.

Oft stellt sich dann heraus, dass genau mit diesen Menschen interessante Gespräche geführt werden können. Ihnen fehlt oft nur der Mut, um über die erste Hürde des Kennenlernens hinwegzusteigen.

Einzelkämpfer

Manchmal steht jemand ganz alleine für sich. Bedeutet dies, dass Sie ihn nicht ansprechen sollten?

Das erste Gespräch

Wichtig ist, sobald wie möglich mit Small-Talk zu starten. Es kostet deutlich mehr Überwindung, auf jemanden zuzugehen, wenn Sie schon fünf Minuten mit dem Glas in der Hand in einer Ecke gestanden haben, als wenn Sie gleich nach Ihrem Eintreffen ein Gespräch suchen.

Starten Sie also so schnell wie möglich! Und: Machen Sie es sich einfach. Halten Sie Ausschau nach Menschen, die Ihnen zugewandt sind und Blickkontakt mit Ihnen suchen!

Das erste Gespräch

Oft ist das erste Gespräch das schwierigste. Insbesondere dann, wenn Sie alleine zu einer Veranstaltung kommen.

Was sollten Sie beachten?

Top-Gesprächsthemen

Besonders hilfreich sind folgende Themen:

- gemeinsame Bekannte
- aktuelle Ereignisse
- Sport
- Hobbys
- Haustiere und Tiere allgemein
- Filme
- Referenten, Gastgeber
- Gebäude, Raum
- Besonderheiten der Umgebung
- Urlaubserlebnisse, Reisen
- Freizeitaktivitäten
- Literatur
- Wohnort
- Kunst, Theater, Konzerte

Top-Gesprächsthemen

Beim Small-Talk sind Sie nicht nur auf ein Gesprächsthema festgelegt. Es gibt eine fast unüberschaubare Anzahl an Themen. Manche liegen Ihnen besser, andere weniger. Nutzen Sie die umseitige Aufzählung daher als Anregung!

Dauer der Unterhaltung

Nach fünf Minuten sollten Sie Ihren Gesprächspartner soweit kennen, dass Sie entscheiden können, ob sich eine Fortsetzung der Unterhaltung lohnt. Denken Sie daran: Die meisten Veranstaltungen, auf denen Small-Talk gefordert ist, dienen dazu, Kontakte mit mehreren Menschen aufzunehmen. Widmen Sie einer Person nicht Ihre gesamte Zeit, sondern pflegen Sie eine größere Zahl von Kontakten. Daher gilt die Regel: Beenden Sie eine Unterhaltung nach etwa zehn Minuten. Zumindest vorerst. So können Sie weitere, interessante Gesprächspartner kennenlernen. Wenn Sie zu einem späteren Zeitpunkt das Gespräch mit einer bestimmten Person wieder aufnehmen möchten, dann kennen Sie sich bereits und die erste Hürde fällt weg.

Dauer der Unterhaltung

Ein Small-Talk ist ein „kleines Gespräch". Aber ist es dadurch auch ein „kurzes Gespräch"? Wie lange sollte ein Small-Talk dauern?

Achten Sie darauf, dass Sie ein Gespräch mindestens fünf Minuten lang führen. Bei einer kürzeren Dauer fühlen sich die Beteiligten oft unbefriedigt, da nicht genügend Informationen ausgetauscht werden konnten.

Vereinbarungen

Vereinbarungen, die Sie beim Small-Talk getroffen haben, sind genauso wichtig wie Vereinbarungen per Schrift- oder E-Mail-Verkehr und ebenso zu behandeln. Egal, ob es um die versprochene Adresse der Ferienwohnung, die Kontaktdaten eines Bekannten oder um die Zusendung von Unterlagen geht. Denken Sie daran, Visitenkarten mitzunehmen: So kann Ihr Gesprächspartner leicht Kontakt mit Ihnen aufnehmen. Erledigen Sie Vereinbartes zeitnah.

Achtung: Eine mündliche Vereinbarung wird schnell vergessen. Notieren Sie daher Zusagen, die Sie getroffen haben. Und: Achten Sie darauf, dass Sie die Notiz nicht z.B. in der Abendkleidung vergessen.

Tipp: Seien Sie stets zuverlässig bei Small-Talk-Vereinbarungen!

Vereinbarungen

Wenn Sie beim Small-Talk Hilfe angeboten oder einen Rückruf versprochen haben, dann sollten Sie dies auch einhalten.

Worauf sollten Sie achten, wenn Sie Vereinbarungen treffen?

Nur 30 Sekunden

Beachten Sie folgende Punkte:

- Bedienen Sie sich einer anschaulichen Sprache.
- Zeigen Sie positive Emotionen.
- Überlegen Sie: Was hat der Gesprächspartner davon, wenn er Ihnen zuhört?
- Erklären Sie, welches Problem Sie lösen. („Ich sorge dafür, dass…")
- Laden Sie den anderen zum Gespräch ein und schließen Sie am besten mit einer offenen Frage. („Gerne erzähle ich noch mehr. Was halten Sie davon, wenn wir uns nächste Woche hierzu treffen?")

Achtung: Beim Small-Talk geht es darum, einen Eindruck zu vermitteln, wer Sie sind und was Sie tun.

Nur 30 Sekunden

Sie sollten imstande sein, sich innerhalb kürzester Zeit bei Ihren Gesprächspartnern vorzustellen, für einen positiven Eindruck zu sorgen und sich interessant zu machen.

Schaffen Sie es, sich in 30 Sekunden – das ist die Zeit einer kurzen Aufzugfahrt – vorzustellen, für einen positiven Eindruck zu sorgen und Ihre Gesprächspartner neugierig zu machen?

Wecken Sie Interesse für sich und Ihre Tätigkeit.

Zeitgeschehen

Wenn Sie über aktuelle Themen informiert sind, dann haben Sie einen einfachen Einstieg beim Small-Talk. Mit einer Tages- oder Wochenzeitung bleiben Sie über aktuelle Themen auf dem Laufenden. Wer mit topaktuellen Informationen versorgt sein möchte, wirft einen Blick auf Pressemeldungen im Internet.

Bei Zeitungen suchen Sie am besten im Feuilleton oder im Kultur-, Freizeit-, oder Wissenschaftsbereich nach geeigneten Themen. Und die sollten grundsätzlich positiv sein, denn mit Krieg, Terror und Mord wird Small-Talk anstrengend.

Zeitgeschehen

Damit Sie mit Small-Talk punkten können, sollten Sie wissen, was in der Welt vor sich geht und welche Trends sich abzeichnen. Denn so haben Sie die Möglichkeit, leichter Anknüpfungspunkte zu finden.

Doch: Wie halten Sie sich auf dem Laufenden?

Witze

Wenn Sie Witze zum Besten geben, dann müssen diese niveauvoll, geschmackvoll und der Situation angemessen sein. Machen Sie nie Witze, die rassistisch, sexistisch oder in irgendeiner Art und Weise menschenverachtend sind.

Noch besser ist es, den Humor und die Komik einer bestimmten Situation zu erkennen. Üben Sie, eine heitere Geschichte zu erzählen, und trainieren Sie die Fähigkeit, über sich selbst zu lachen.

Reagieren Sie nicht übertrieben, wenn ein anderer einen Witz erzählt. Auch damit kann man einen Small-Talk schnell zunichte machen.

Finger weg von Witzen, wenn Sie den Humor Ihrer Gesprächspartner nicht einschätzen können.

Witze

Small-Talk soll humorvoll und unterhaltsam sein und es ist schön, wenn in der Runde gelacht oder geschmunzelt wird. Aber Vorsicht: Humor ist bekanntlich Geschmackssache.

Worauf sollten Sie achten, wenn Sie Witze erzählen?

Schweigsame

Durch offene Fragen ermuntern Sie schweigsame Menschen zum Reden. Achten Sie darauf, dass Sie keine geschlossenen Fragen stellen, die mit „Ja" oder „Nein" schnell beantwortet sind. Auch die W-Fragen lassen sich teilweise kurz und knapp beantworten. Formulieren Sie Ihre Fragen so, dass Ihr Gesprächspartner zumindest einen ganzen Satz als Antwort geben muss.

Natürlich können Sie auch etwas über sich selbst erzählen. Geben Sie dem Schweigsamen ein kleineres oder größeres „Info-Häppchen".

Tipp: Wenn jemand partout nicht reden möchte, dann sollten Sie nicht auf einen Small-Talk drängen.

Schweigsame

Es gibt Menschen, die einfach wortkarg sind. Beim Small-Talk sind sie eine echte Herausforderung. Denn wenn der eine überwiegend schweigt, gerät der andere oft unter Druck.

Wie können Sie wortkarge Menschen zum Reden bringen?

Hilfe anbieten

Immer, wenn Sie beobachten, dass sich jemand über Hilfe oder Unterstützung freuen würde, sollten Sie diese Möglichkeit nutzen.

Beispiele:

- „Ich werde noch einen Sekt holen. Darf ich Ihnen ein Glas mitbringen?"
- „Sie sind ja voll beladen mit Akten. Ich nehme Ihnen gerne etwas ab."

Achtung: Drängen Sie Ihre Hilfe nicht auf! Das kann einen gegenteiligen Effekt haben.

Hilfe anbieten

Bieten Sie Hilfe an, wenn dies passend und angemessen erscheint. So können Sie den Gesprächseinstieg oft schnell und höflich gestalten.

Was sollten Sie beachten, wenn Sie Hilfe anbieten?

Um Hilfe bitten

Beispiele:

- „Könnten Sie mir bitte kurz helfen? Ich habe meine Lesebrille vergessen."
- „Können Sie mir sagen, in welchem Raum der Vortrag stattfindet?"
- „Können Sie mir sagen, wie ich von hier aus zum Bahnhof komme?"
- „Ich sehe gerade, dass Sie einen Restaurantführer in der Hand halten. Können Sie mir ein Restaurant empfehlen?"
- „Oh, Entschuldigung. Der Heuschnupfen schlägt wieder zu. Hätten Sie vielleicht ein Taschentuch für mich?"
- „Ich kenne mich hier gar nicht aus. Wo kann ich mir denn hier die Hände waschen?"

Um Hilfe bitten

Menschen helfen anderen Menschen in der Regel gerne, deshalb ist auch dies ein gut geeigneter Einstieg beim Small-Talk.

Wie können Sie diese Technik nutzen?

Wenn Sie jemanden um Hilfe bitten, werten Sie ihn auf. Überlegen Sie, welche Hilfestellungen oder welche nützlichen Informationen Ihnen Ihr Gesprächspartner geben kann.

Die apropos-Technik

Mit der „apropos-Technik" haben Sie ein Hilfsmittel an der Hand, mit dem Sie inhaltliche Verknüpfungen zu neuen Themen herstellen können. Dies funktioniert so: Sie entnehmen eine Aussage oder ein Stichwort aus dem Satz Ihres Gesprächspartners und verbinden damit etwas inhaltlich Neues.

Ein Beispiel:
„Sie haben ja wirklich einen tollen Urlaub in Italien verbracht. Apropos Italien – wir haben in der Toskana voriges Jahr einen hervorragenden Wein entdeckt."

Tipp: Das Wort „apropos" müssen Sie nicht aussprechen. Es dient vielmehr für Sie selbst als Hilfestellung.

Die apropos-Technik

Jedes Thema ist irgendwann einmal ausgereizt. Dann ist es an der Zeit, einen Themenwechsel vorzunehmen.

Wie gelingt der Themenwechsel, ohne dass er zu holperig wird?

Heikle Themen

Die folgenden Themen sollten beim Small-Talk absolut tabu sein:

- Krankheiten, Tod
- Religion
- Sex und Intimes
- Ehe- oder Partnerschaftsprobleme
- Berufliche Probleme
- Politische Themen
- Geld und Geschäfte
- Klatsch und Tratsch über Anwesende
- Psychische Probleme

In anderen Ländern können auch andere Themen mit Tabus besetzt sein. Informieren Sie sich im Vorfeld über die Gepflogenheiten.

Denken Sie daran: Alles, was zu groß ist, passt nicht. Zu große Themen – zu große Gefühle.

Heikle Themen

Einige Themen sind eher ungeeignet, um darüber ein gutes Gespräch zu führen.

Und manche davon sind für den Small-Talk tabu. Welche?

Manche Themen sind heikel, weil sie zu persönlich sind und in die Privatsphäre Ihres Gegenübers eindringen. Andere wiederum, weil sie zu Kritik und Auseinandersetzung ermuntern, oder weil sie die Werte und Normen anderer verletzen könnten.

Fragen stellen

Achten Sie darauf, beim Small-Talk häufig offene Fragen zu verwenden. Offene Fragen oder auch W-Fragen (wer? was? wo? wann? wie? warum?) kann man nicht mit „Ja" oder „Nein" beantworten. Das bringt Ihren Gesprächspartner zum Reden und hält den Small-Talk am Laufen. Und: Sie erhalten dadurch immer mehr Informationen, an die Sie weiter anknüpfen können.

Beispiele:

- Urlaub – „Und wie war das Essen?"
- Erlebnis – „Wie ging es dann weiter?"
- Stadtrundfahrt – „Was hat Ihnen besonders gefallen?"
- Gastgeber – „Und woher kennen Sie Frau Sabatti?"

Achtung: Vermeiden Sie es, ein Fragefeuerwerk zu zünden. Small-Talk ist kein Verhör!

Fragen stellen

Fragen sind ein hervorragendes Handwerkszeug, um ein Gespräch in Gang zu halten. Nach wie vor gilt die alte Regel: „Wer fragt, der führt". Wer eine Frage stellt, gibt dadurch den weiteren thematischen Verlauf des Gesprächs vor. Mit Fragen zeigen Sie Interesse an Ihrem Gesprächspartner.

Was sollten Sie beachten?

Pleiten, Pech und Pannen

Sprechen Sie einfach über die kleinen Katastrophen, die Ihnen widerfahren sind. Es gibt nichts Besseres, um in einer geselligen Runde die Lachmuskeln der anderen zu aktivieren. Oft schaffen gerade diese Erlebnisse Gemeinsamkeiten in der Gesprächsrunde. Legen Sie auch etwas Ironie sich selbst gegenüber an den Tag. Sammeln Sie belustigende und ungewöhnliche Erlebnisse, die Sie beim Small-Talk aufgreifen können.

Beispiele:

- Sie waren froh, den Zug gerade noch erwischt zu haben. Leider den falschen.
- Sie glaubten, Sie seien ein guter Kartenleser, mussten aber nach einer Stunde bestürzt feststellen, dass Sie die ganze Zeit im Kreis gelaufen waren.

Pleiten, Pech und Pannen

Menschen, die die Fähigkeit besitzen, auch über sich selbst und die eigenen Missgeschicke lachen zu können, wirken meist auf Anhieb sympathisch. Doch verwenden Sie diese Möglichkeit in Maßen: Wenn Sie nur über Ihr Versagen reden, dann verschenken Sie Ihre Souveränität.

Spezialwissen

Wichtig ist, dass das angesprochene Spezialthema unterhaltsam oder humorvoll, spannend oder ungewöhnlich, nützlich oder interessant ist. Vielleicht haben Sie einen Artikel in der Zeitung entdeckt, der eines dieser Kriterien erfüllt. Oder Sie wissen, woher bestimmte Sprichwörter und Redewendungen kommen. Bringen Sie solche Themen ruhig an der passenden Stelle ins Gespräch ein. Aber prahlen Sie nicht, sondern erkundigen Sie sich, was andere zu dem Thema beitragen können.

Achtung: Verwenden Sie verständliche Formulierungen und möglichst wenig Fachbegriffe, um Ihr Spezialwissen anzubringen.

Spezialwissen

Beim Small-Talk sollten Sie nicht nur die üblichen, sondern auch die spezielleren Themen parat haben. Mit Sicherheit besitzen Sie in mindestens einem Bereich unterhaltsames und interessantes Spezialwissen. Umso besser, wenn Sie mit diesem Wissen einen Gesprächsbeitrag leisten können.

Sinnvolle Tipps

Tipps kommen gut an – vorausgesetzt, sie sind sinnvoll. Binsenweisheiten gehören sicher nicht dazu. Geben Sie also nur Tipps, von denen Sie sicher sein können, dass Sie Ihrem Gesprächspartner weiterhelfen.

Wenn Sie z. B. im Gespräch auf Restaurants zu sprechen kommen, dann erwähnen Sie die Entdeckung, die Sie kürzlich gemacht haben: Das Restaurant, bei dem das Preis-Leistungs-Verhältnis noch wirklich stimmt. Vielleicht sucht Ihr Gesprächspartner auch ein bestimmtes Produkt, eine Wohnung, ein neues Reiseziel. Warten Sie mit einem nützlichen Tipp auf!

Bevor Sie einen Ratschlag geben, fragen Sie Ihren Gesprächspartner, ob er diesen überhaupt hören möchte.

Sinnvolle Tipps

Wenn Sie einen sinnvollen Tipp geben, dann zeigen Sie, dass Sie die Interessen Ihres Gegenübers im Blick haben.

Was sollten Sie bei Tipps beachten?

Gemeinsamkeiten finden

Heben Sie beim Small-Talk nicht die Dinge hervor, die Sie voneinander abgrenzen, sondern finden Sie Gemeinsamkeiten – manchmal auch über ein paar Ecken.

Beispiel: „Ich komme aus Freiburg."

- „Meine Frau hat da mal ein paar Jahre gelebt."
- „Da waren wir letztes Jahr auf unserer Urlaubstour!"
- „Mein Kollege hat da studiert."
- „Ich bin dort aufgewachsen."

Gemeinsamkeiten finden

Gemeinsamkeiten schaffen Sympathie und Vertrauen. Eine der Grundregeln erfolgreichen Small-Talks lautet daher: Schaffen Sie Gemeinsamkeiten und finden Sie Ähnlichkeiten.

Meist suchen wir im Gespräch ganz automatisch nach Gemeinsamkeiten – zumindest, wenn uns der Gesprächspartner sympathisch ist: Das gleiche Hobby, die gemeinsamen Interessen, der gleiche Wohn- oder Geburtsort, ein ähnliches Urlaubserlebnis. Alles Möglichkeiten, mit denen wir eine Gesprächsgrundlage, eine Verbindung schaffen können.

Beruf und Ausbildung

Noch leichter finden Sie Anknüpfungspunkte, wenn es um Erlebnisse aus der Ausbildung geht. Hier kann mit Sicherheit jeder etwas zum Gespräch beitragen.

Zwei Sprungbretter beim Thema „Beruf":

- Gemeinsamkeiten: „Bei uns soll auch Gleitzeit eingeführt werden. Wie sind denn Ihre Erfahrungen?"
- Anerkennung: „Und was denken Sie, wie oft haben Sie schon ein Verkaufsgespräch geführt?" oder „Da sind Sie ja ziemlich herumgekommen. Was war denn Ihr beeindruckenstes Erlebnis auf der Montage?"

> Ihr Gesprächspartner ist arbeitslos oder mit seiner Tätigkeit unzufrieden? Dann Vorsicht mit diesem Thema!

Beruf und Ausbildung

Die meisten Gesprächspartner sind neugierig auf Ihren Beruf und Ihre Tätigkeit. Erzählen Sie davon! Natürlich sollten Sie nicht über schlechte Arbeitsbedingungen klagen. Ebenfalls tabu: Das Verbreiten von vertraulichen Informationen oder die Frage nach dem Gehalt des Gegenübers. Damit beeindrucken Sie niemanden, sondern sammeln beim Small-Talk Minuspunkte.

Ein Gespräch über Ihre berufliche Tätigkeit bietet Ihrem Gesprächspartner meist einen guten Anknüpfungspunkt. Denn mit der Nennung einer Berufsbezeichnung wird gleich ein ganzes Bündel an Assoziationen geweckt.

Der Klassiker: Das Wetter

Und das Beste: Vom Thema Wetter aus können Sie leicht zu angrenzenden Themen überleiten („Bei dem schönen Wetter werden wir...", „Bei der Kälte freue ich mich schon...").
Mögliche Anschlussthemen: Urlaub, Verkehr, Gesundheit, Freizeit.

Übrigens ist Lamentieren über das Wetter ein Gesprächskiller. Achten Sie darauf, positive Impulse auch bei schlechtem Wetter zu geben. Denn mit Miesepetern will niemand gerne Small-Talk führen.

Tipp: Nutzen Sie den Klassiker als Sprungbrett in andere Themen.

Der Klassiker: Das Wetter

Über das Wetter lässt sich fast immer reden und als Gesprächseinstieg ist das Plaudern über die Hitze, Kälte oder den Regen ein Klassiker. Aber achten Sie darauf, dass Sie vom Wetter bald eine Brücke zu anderen Themen schlagen.

Das Schöne am Gespräch über das Wetter ist: Es betrifft uns alle. Und wir sind meist einer Meinung. Sie können davon ausgehen, dass Ihr Gesprächspartner Glatteis und Schneechaos ebenfalls unangenehm finden wird. Sie können erwarten, dass sich Ihr Gesprächspartner über einen strahlend warmen Frühlingstag ebenfalls freuen wird. Kurz: Es wird keinen Streit über das Wetter geben.

Themenfindung

Anforderungen an ein Small-Talk-Thema:

- Es sollte unterhalten.
- Es sollte positiv besetzt sein.
- Es sollte keinerlei Expertenwissen erfordern.
- Jeder sollte etwas dazu sagen können.
- Es sollte niemanden ausgrenzen.
- Es sollte niemanden zu einer Stellungnahme zwingen.
- Es sollte keinerlei Konfliktpotential besitzen.

Themenfindung

Dass es nicht nur ein Gesprächsthema beim Small-Talk gibt, ist klar.

Doch welche Voraussetzungen muss ein gutes Small-Talk-Thema erfüllen?

Willkommenssignale

Achten Sie darauf, wie offen sich die Gesprächsrunde darstellt. Wenn eine Gruppe geschlossen und dicht beisammen steht, dann kann dies ein Abwehrsignal für Neuankömmlinge sein. Die Gruppe schottet sich ab. Wann immer Sie bei einer Gruppe nur Rücken sehen, bedeutet dies: Stopp!

Denken Sie daran: Es geht beim Small-Talk nicht darum, einen Kreis aufzubrechen oder in eine Gruppe einzudringen. Achten Sie darauf, bei welchen Gruppen eine Lücke vorhanden ist: Eine Einladung.

Regel: Wenn Ihnen sowohl Nase als auch Bauchnabel eines Gruppenmitglieds zugewandt sind, dann sind Sie körpersprachlich willkommen.

Willkommenssignale

Bei manchen Gruppen können Sie sich einfach hinzugesellen, während es sich bei anderen Gruppen schwierig gestaltet. Machen Sie es sich leicht: Wählen Sie eine Gruppe, die nonverbal signalisiert, dass Sie willkommen sind.

Worauf sollten Sie achten? Und: Was hat der Bauchnabel damit zu tun?

Zur Gruppe dazugesellen

Natürlich braucht man etwas Mut, sich allein einer Gruppe zu nähern. Das ist auch der Grund, weswegen viele Menschen ungern allein auf einen Empfang oder einen Vortrag gehen. Überwinden Sie sich und gesellen Sie sich zu einer Gruppe, die Ihnen sympathisch erscheint.

Meist wird Ihnen Platz gemacht, sodass der Kreis größer wird. Halten Sie zunächst lediglich Blickkontakt und klinken Sie sich erst langsam ins Gespräch ein. Hören Sie aktiv zu und geben Sie zu passenden Zeitpunkten Signale der Aufmerksamkeit. Im nächsten Schritt nehmen Sie am besten gezielt Bezug auf das Gesprächsthema der Gruppe.

Zur Gruppe dazugesellen

Oft stehen Grüppchen beisammen und halten Small-Talk. Gesellen Sie sich dazu.

Was sollten Sie beachten, wenn Sie mit einer Gruppe in Kontakt treten und sich dazugesellen?

Die Erlebnisschilderung

Am besten eignen sich Erlebnisse, die Sie noch gut in Erinnerung haben. Bitte keinen Schwank aus der Jugend, sondern eine Begebenheit, die Sie kürzlich erlebt haben.

Beispiele:
Die Wanderung am Wochenende, die Gepäckkontrolle am Flughafen, die Reparatur Ihres Wagens, die Verwechslung im Restaurant, die Zugfahrt im Schlafwagen.

Achten Sie darauf, dass Sie bei der Schilderung Ihrer Erlebnisse nicht zu ausschweifend werden. Denn schließlich möchten Sie ja keinen Monolog halten, sondern mit Ihrem Gegenüber ins Gespräch kommen.

Die Erlebnisschilderung

Indem Sie mit einer Begebenheit oder einem Erlebnis einsteigen, geben Sie Ihrem Gegenüber die Möglichkeit, direkt an Ihre Schilderung anzuknüpfen.

Welche Art von Erlebnis eignet sich dazu?

Die Selbstvorstellung

Stellen Sie sich selbst vor und warten Sie nicht darauf, dass Sie von anderen vorgestellt werden. Dies gilt insbesondere bei offiziellen Anlässen.

Achten Sie darauf, dass Sie Ihren Gesprächspartner begrüßen. Ein freundlicher Blick, ein Lächeln, einen entsprechenden Tagesgruß und vielleicht noch eine kurze Information zu sich selbst. Wenn möglich, sprechen Sie Ihr Gegenüber auch mit Namen an.

Beispiel:
„Guten Tag, Herr Welfes. Ich bin Simone Porok aus der Buchhaltung."

Die Selbstvorstellung

Der Einstieg in ein Gespräch kann eine Hürde sein. Am einfachsten nehmen Sie diese, indem Sie sich vorstellen.

Was sollten Sie bei der Selbstvorstellung beachten?

Was ist Small-Talk?

Small-Talk ist ein erstes vorsichtiges, gegenseitiges Abtasten, ein elegantes Mittel, um mit Kollegen, Besuchern oder Geschäftspartnern locker in Kontakt zu kommen. Mit Small-Talk schaffen Sie eine positive und entspannte Atmosphäre und wecken Vertrauen und Sympathie bei anderen.

Mit Small-Talk schlagen Sie eine Brücke zum Gesprächspartner. Sie bieten Gesprächsangebote und Kennenlernmöglichkeiten, auf die Ihre Gesprächspartner reagieren können. Small-Talk zu halten bedeutet, auf der Beziehungsebene miteinander „warm" zu werden, ohne bereits auf der Sachebene zu kommunizieren.

Was ist Small-Talk?

Small-Talk ist das „kleine Gespräch". Beziehungsorientiert, absichtsfrei. Ein lockeres und unbeschwertes Plaudern, bei dem es nicht darum geht, den Gesprächspartner zu einer bestimmten Handlung zu motivieren.